OBSÈQUES

DE

AUGUSTE-NICOLAS LAVERDET,

PREMIER PASTEUR

DE L'ÉGLISE CATHOLIQUE FRANÇAISE

A PARIS,

DÉCÉDÉ LE 8 DÉCEMBRE 1865,

ÂGÉ DE 59 ANS.

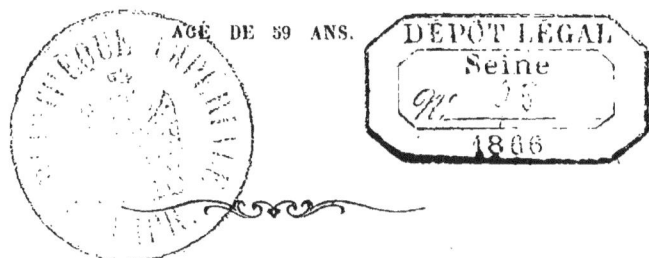

PARIS

IMPRIMERIE ADMINISTRATIVE DE PAUL DUPONT,

45, RUE DE GRENELLE-SAINT-HONORÉ.

1865

OBSÈQUES

DE

AUGUSTE-NICOLAS LAVERDET.

La terre vient de s'ouvrir pour recevoir le corps d'Auguste-Nicolas Laverdet, ce savant et ce pasteur dont la vie si remplie fut un long dévouement. Par les travaux exceptionnels qu'il publia et le rôle qu'il remplit dans l'ordre moral, il acquit une juste renommée parmi ses contemporains, et sa mémoire s'agrandira et sera respectée dans l'avenir.

Rechercher les autographes, les collectionner, en former vingt-cinq volumes ; acheter à prix d'or des correspondances enfouies ou cachées pour en doter son pays, la science et l'histoire : tels sont les travaux au moyen desquels il put donner l'essor à son extrême activité, à sa vaste intelligence. A côté de cette mission pleine d'intérêt, mais rude et aride, il lui en fallait une autre plus grande encore, qui pût apporter à ses sentiments et à son affection un aliment capable de les satisfaire ; il la trouva dans sa foi. Avec son esprit religieux, depuis trente-cinq ans Laverdet poursuivait cette rénovation de l'Eglise, en cherchant à la ramener aux premiers temps de l'ère chrétienne.

Ses moyens furent l'abnégation, le sacrifice, le travail et la charité. De tels moyens n'appartiennent qu'aux grandes natures : aussi sans apprécier la doctrine qu'il avait embrassée, disons qu'il fut un cœur généreux et humanitaire, et qu'à ce titre il aura l'estime et le respect des êtres, de quelque nation ou religion auxquels ils pourront appartenir.

Le 10 décembre, à 9 heures du matin, le local de M. Laverdet, rue Meslay, 54, était envahi par une foule nombreuse : une nature d'élite était remontée vers Dieu. Un cercueil posé au milieu d'un salon, et contenant les restes que l'homme peut garder, était éclairé par plusieurs luminaires et formait une chapelle ardente ; au fond de la pièce, un prêtre en face du Christ, officiant et lisant à voix haute une prière des morts en langue française et en versets pleins d'espérance et de foi, tel était le spectacle touchant dont l'auditoire fut ému jusqu'aux larmes.

Aussitôt après, la voiture l'emporta vers le cimetière de Clichy-la-Garenne suivi des mêmes amis. Malgré la rigueur du froid, les têtes restèrent découvertes pendant tout le temps de la descente du corps dans le tombeau et des discours qui furent prononcés.

M. Eugène Paul, statuaire, archiviste de la Société des sciences industrielles, arts et belles-lettres de Paris, prit la parole et s'exprima en ces termes :

« Mesdames et Messieurs,

« Si je viens mêler ma voix à cette grande affliction, c'est qu'au con-
« tact d'Auguste Laverdet, un lien a saisi mon cœur, et que je ne puis
« me détacher de ce noble ami sans apprendre à ceux qui ne le connu-
« rent pas quelles furent ses vertus.

« Si une délégation de la Société des sciences industrielles, arts et belles-
« lettres de Paris est présente à ce pieux et dernier devoir, assistée de son
« dévoué président le docteur marquis du Planty, c'est que par Gustave,
« qui est son frère et que nous aimons, par leur sacrifice mutuel, ce
« mélange de leurs âmes, ils n'étaient qu'un seul pour nous, et devaient
« se confondre dans notre estime et notre affection. Cette Société encore
« dont l'idéal est le progrès ne pouvait rester froide devant le départ de
« cette grande figure dont la vie entière fut consacrée au bien et à l'ave-
« nir de l'humanité !

« Auguste-Nicolas Laverdet naquit à Clichy-la-Garenne le 12 mars
« 1803, de parents pauvres, et au milieu d'une nombreuse famille. Les

« sentiments de la bienveillance et de la vénération fort développés, lui
« donnèrent une douceur et une piété qui le firent bientôt aimer et ap-
« précier de différents pasteurs sous lesquels il exerça son intelli-
« gence.

« Il ne tarda pas à se faire remarquer par quelques écrits, appuyé par
« le patronage de MM. Louis Paris, Ledoyen et Techener; il entreprit
« des travaux littéraires et historiques sous la direction et avec l'appui de
« MM. de Lacourt, ambassadeur, Delalande, secrétaire de la Chambre des
« pairs, le marquis de Biancourt, la princesse de Canino, etc. C'est alors
« que M. Charon, expert en autographes, saisissant les aptitudes de
« notre jeune savant, le chargea de la rédaction de ses catalogues qui
« sont aujourd'hui au premier rang parmi les ouvrages bibliographiques, et
« que nos illustrations consultent avec fruit. Il recueillit encore avec une
« intelligence remarquable la correspondance de Boileau et de Brossette
« qui est devenue pour les bibliophiles un livre fort précieux, Enfin une
« publication de la correspondance de Napoléon Ier clôt la liste de toutes
« ces productions si intéressantes.

« Sa réputation d'écrivain et d'expert est européenne, les plus grands
« personnages recherchaient ses avis.

« A travers ces immenses travaux, le croirait-on! il s'associa à une
« grande manifestation, à une réforme hardie, à la liberté religieuse qui
« se produisit sous le Gouvernement de Juillet par la création d'une nou-
« velle Église, nommée *Eglise catholique française*, dont l'abbé Chatel
« fut le fondateur.

« Cette imagination si féconde, cet enthousiasme plein de vigueur,
« cette observation si logique, le mirent bientôt à même de commenter et
« d'interpréter les dogmes nouveaux qu'il soutint et sauvegarda jusqu'à
« son dernier soupir. Il en conserva si courageusement l'intégrité et l'es-
« prit qu'il dût, non sans une profonde tristesse, combattre celui qui en
« fut l'auteur, qui manqua de constance et de fixité pour son œuvre, et
« dont la raison cependant lui assurait le succès.

« Cette dissidence entre Laverdet et l'abbé Chatel les éloigna l'un de
« l'autre pendant vingt-cinq années environ. Un jour, il apprit par les
« feuilles publiques que ce grand réformateur venait de mourir: tout aus-
« sitôt il se met en quête de sa demeure qu'il avait perdue, il la découvre,
« entre dans le pauvre logis où le cadavre est à peine couvert; il s'en
« approche, lui ferme les yeux, prie, et bientôt il lui donne la sépulture
« que lui-même vient partager aujourd'hui dans son propre caveau...
« Quelle grande âme! quel touchant exemple du pardon chrétien! et quel

*

« soin respectueux pour celui qu'il appela *son père spirituel*, et qui
« apporta à sa pensée l'aliment moral dont il s'enorgueillit jusqu'à
« la fin.

« Vous devinez maintenant, Messieurs, toute la vie d'épreuves, d'abné-
« gation et de luttes qu'a dû subir Auguste Laverdet; mais il ne s'en
« plaint pas, lui : plus la route sera hérissée d'épines, plus son courage
« grandira! Aussi dit-il : « Christ, avant d'être élevé a un nom au-dessus
« de tout nom, a gravi sur ses genoux meurtris les pentes escarpées du
« Calvaire, marquant chaque pas de son sang, de ce sang divin qui,
« versé à flots comme la rosée céleste sur notre misérable terre d'op-
« pression et de larmes, a fécondé les germes désormais impérissables de
« la fraternité universelle. »

« Nous voici dans un siècle où l'aurore d'une grande clarté vient
« déjà illuminer le monde ; une cause quelle qu'elle soit sera grande
« lorsqu'elle sera soutenue par le désintéressement, l'équité et la vertu.
« C'est ainsi que Laverdet comprit la sienne. Jusqu'à cette harmonie uni-
« verselle qu'il faut espérer pour nos enfants de l'avenir, l'humanité se
« divisera longtemps encore par masses opposées. Les hommes ont des
« doctrines, mais Dieu n'en a pas! Il laisse approcher de lui et place au
« premier rang, parmi ses élus, ceux qui par la charité, l'amour et la
« justice se sont fait honorer de leur semblables. Auguste Laverdet avait
« tout cela ; aussi soyons sûrs que sa belle âme jouit en ce moment dans
« toute sa plénitude du sublime bonheur réservé aux justes. »

Vint ensuite M. le docteur marquis du Planty, président de la Société des sciences industrielles, des sauveteurs de France, de la grande Société de l'Extinction du Paupérisme et membre du Conseil général de la Loire-Inférieure.

Il improvisa le discours suivant :

« Je le pansai, Dieu le guérit, disait le célèbre Ambroise Paré, plus
« heureux que moi, en rendant à Dieu ce qui est à Dieu, la puissance
« humaine.

« Je l'ai opéré, Dieu l'a repris ! Et l'élève comme le maître s'inclinent
« religieusement devant les décrets du Tout-Puissant, qui n'a pas permis
« que mon opération soit suivie de tout le succès qui donne tant de satis-
« faction au praticien ; elle a été faite *in extremis*, et a pourtant justifié

« notre prétention. Laverdet avait une de ces cruelles maladies qui ne
« pardonnent pas, un squirre de l'estomac qui ne laissait nul espoir,
« lorsqu'un kyste s'y développant nous força de faire l'opération, sinon
« pour le sauver, du moins pour conserver encore le précieux malade à
« sa famille, à ses amis. Mais ce qui nous console et nous satisfait, c'est
« d'avoir la preuve que Laverdet n'a pas succombé par la rupture spon-
« tanée de la tumeur à l'intérieur.

« Je n'ai vu Laverdet que quatre fois, mais je l'ai vu assez pour lire
« sur ce beau front, dans cette grande page du Livre Phrénologique,
« toute une révélation écrite... Je l'ai vu assez pour me faire pleurer
« et légitimer mes larmes en face de cette tombe, par la perte de cet
« ami d'hier, de cet homme de bien qui n'est pas assez connu.

« Vous venez d'entendre une voix amie vous dire une partie de ce qu'il
« a fait; j'aurais voulu avoir le temps de vous traduire tout ce qu'il y
« avait d'écrit de la main de Dieu dans ce sublime autographe que nous
« pleurons aujourd'hui. Mais ses actes, empreints de la bonté la plus
« douce et de la charité la plus parfaite, ne répondent-ils pas de la
« manière la plus éloquente? Avons-nous besoin de faire ressortir cette
« grande nature dont la présence seule devenait un rayonnement d'affec-
« tion et de sympathie? Il était bien digne d'être aimé : aussi ne soyons pas
« étonnés si son excellent frère a dépensé tant de dévouement et de sacri-
« fice près de lui pendant cette longue maladie; l'amour d'une mère,
« d'une sœur, d'une femme, d'une sœur de charité enfin, tout cela
« augmenté de la force et de l'intelligence savante de l'artiste, voilà ce
« qui a prolongé les jours de Laverdet.

« Et c'est un homme éprouvé lui-même par la douleur, et qui connait
« la double souffrance morale et physique qui vient dire à notre frère,
« à notre ami, au membre de la Société des Sciences Industrielles, Arts
« et Belles-Lettres de Paris : Nous partageons ta douleur, en répétant
« religieusement : Je l'ai opéré, Dieu l'a repris, moins heureux que mon
« vieux maître qui a pu dire : Je le pansai, Dieu le guérit. »

M. l'abbé Kerler, pasteur de l'Eglise catholique Française, présenta en quelques pages, une notice biographique fort succincte d'Auguste-Nicolas Laverdet.

« Mes frères,

« Devant cette tombe ouverte, où va descendre la dépouille mortelle d'un ami si cher à mon cœur, je voudrais pouvoir exprimer tous les

« sentiments dont je suis pénétré dans cet instant douloureux. Mais je le
« sens, cette tâche est au-dessus de mes forces. Heureux si, dans cet
« instant solennel, je puis trouver quelques accents pour rendre hommage
« à sa mémoire, et dire quelques mots sur sa carrière religieuse si digne-
« ment et si noblement remplie.

« Dès sa plus tendre jeunesse, il sut par son caractère se concilier tou-
« tes les sympathies; sa douceur, sa piété sincère avaient éveillé l'attention
« du vénérable pasteur à qui la direction spirituelle de la commune de
« Clichy était alors confiée.

« Il puisa auprès de lui cette éducation forte, ces principes solides
« que donne au cœur de l'homme la sainte religion de Jésus-Christ, si
« puissamment entretenue chez lui par les bons exemples que donnent les
« vertus du foyer paternel. Elles développèrent bientôt ces qualités si ra-
« res auxquelles nous venons aujourd'hui rendre un dernier hommage.

« Ce fut à ce prêtre vénérable qu'il dut les premières connaissances
« théologiques, qui devaient le guider plus tard dans cette mission réfor-
« matrice que la justesse de son esprit avait pressentie. Aussi, lorsqu'en
« 1830 parut la Réforme catholique française, il l'accueillit comme une
« amie qu'il attendait depuis longtemps.

« Une circonstance assez remarquable fut cause de son entrée dans la
« carrière ecclésiastique. En 1832, époque de douloureuse mémoire, des
« troubles religieux furent amenés par une imprudente manifestation dans
« une des églises de Paris; le curé de l'église de Clichy, compromis dans
« cette affaire, se déroba par la fuite à l'indignation des habitants, et
« peut-être aux poursuites de la justice. Par suite de ce fait, la commune
« fut privée pendant plusieurs mois de secours spirituels, faute d'un pas-
« teur que l'on s'obstinait à ne pas envoyer. Ce fut alors que, par les
« conseils, les démarches et les soins de Laverdet, la grande majorité des
« habitants adressèrent une demande au chef de la nouvelle Eglise afin
« de pourvoir à son remplacement. Ses efforts furent couronnés de succès,
« et un pasteur de l'Eglise nouvelle fut solennellement installé dans cette
« commune; lui-même ne tarda pas à prendre les ordres et à mettre son
« dévouement et son zèle au service de cette cause, qui avait conquis ses
« plus ardentes sympathies.

« La noble mission qu'il s'était imposée lui fit surmonter tous les obsta-
« cles; rien n'arrêtait cet élan vers le bien, vers le juste, but constant de
« ses efforts, qu'il voulait atteindre; et lorsque les jours mauvais arrivè-
« rent pour l'Eglise, il défendit avec énergie ce droit sacré qui appartient
« à tout homme venant en ce monde, la liberté de conscience, la liberté

« des cultes. Seul, il défendit sur la brèche cette noble cause attaquée de
« toutes parts ; et, malgré l'éloquente défense présentée en police correc-
« tionnelle par l'honorable Me Ferdinand Barrot et en cour de cassation
« par Me Nachet, il succomba. C'est à partir de ce moment que date véri-
« tablement cette carrière littéraire dont une voix plus éloquente que la
« mienne a fait ressortir avec tant de vérité l'importance et les mérites

« Malgré ces incessants travaux, dont les ressources lui procuraient
« chaque jour le pain quotidien, son cœur n'avait point oublié cette cause
« qui lui était si chère. Elle était l'objet de sa vive sollicitude. C'était le
« but constant où tendaient ses plus chères espérances, celles de voir
« arriver pour elle le jour de la justice.

« Aucun effort ne lui coûtait pour en assurer la réalisation ;
« et souvent, après le pénible labeur du jour, il travaillait encore dans
« le silence des nuits à réunir les éléments qui devaient, dans un temps
« donné, en assurer le succès.

« Il put enfin réaliser un vœu que son cœur avait formé depuis long-
« temps. En 1858 fut érigé dans cette enceinte, avec le fruit de son tra-
« vail, ce monument où chaque pierre témoignait de sa piété filiale. Il
« rassembla dans ce pieux asile les dépouilles mortelles de ceux qu'il
« avait aimés en même temps qu'un humble autel pour ce culte qui, depuis
« longtemps, n'avait plus d'abri.

« Une autre consolation lui fut donnée dans ces derniers temps. Le fon-
« dateur de la Réforme, celui qui lui conféra les ordres sacrés pour son
« église, vint reposer par ses soins sous cette humble pierre où la main
« de Dieu le conduisit, après trente années de séparation, dans cette com-
« mune qui, la première, avait accompli sa révolution religieuse.

« Mes frères, comment vous raconter tout ce qui lui a fallu de courage,
« de persévérance que donne à tout homme une conviction sincère ! Dieu
« sait de combien de luttes, de douleurs et d'adversités sans nombre sa force
« d'âme dut triompher pour arriver à un pareil résultat. Il savait tout ce
« qu'a de pénible et de douloureux la mission de l'apôtre, et combien il
« faut souffrir en ce monde pour le triomphe d'une idée, quelque juste et
« vraie qu'elle puisse être, et combien l'abnégation et le sacrifice personnel
« est accepté pour peu de chose.

« Mes frères, depuis vingt-sept années, j'ai été le témoin de ses épreu-
« ves et de ses luttes ! son compagnon fidèle, et je revendique l'honneur
« de ses travaux apostoliques. Ah ! le soldat qui affronte la mort pendant
« quelques heures sur un champ de bataille, un trépas sans doute glo-
« rieux, ne peut être comparé à celui qui, pendant tant d'années, affronte

« avec un calme stoïque que rien ne peut ébranler, toutes les adversités,
« et toutes les douleurs qui viennent l'assaillir.

« Il laisse son œuvre en bonne voie, mais inachevée. Que va-t-elle
« devenir? Vous seul, ô mon Dieu, le savez! Mais s'il m'est donné par
« vos décrets éternels de la continuer, j'essayerai de soulever ce lourd et
« pénible fardeau, pendant le peu de jours que votre miséricorde voudra
« bien me donner encore sur la terre.

» Lorsque je songe, ô mon vénérable ami, au vide que tu vas laisser
« dans mon cœur, une tristesse profonde m'accable. Toi, ô mon fidèle
« compagnon, ô mon unique consolateur dans toutes mes peines et dans
« toutes mes affections, où seras-tu lorsque je te chercherai du regard?
« lorsque l'écho seul répondra à ma plainte? Toi que j'étais sûr de
« trouver au seuil de ma demeure lorsque le malheur et la pauvreté ve-
« naient m'éprouver, tu ne viendras plus sécher mes larmes et verser
« le baume de tes fraternelles consolations dans les douloureuses épreuves
« qui me restent encore à subir.

« Mais je puiserai, mon noble ami, du courage dans les exemples de
« vertu que tu nous as laissés. Je viendrai souvent m'agenouiller sur
« cette dalle où tu reposes enfin pour la première fois; il me semble que
« tu seras avec moi, et, dans le silence et le recueillement, mon âme con-
« fiera à la tienne et ses joies et ses douleurs.

« Mes Frères, il s'est endormi ce doux et noble frère, avec la sérénité
« du juste, dans le calme que donne la pratique des vertus chrétiennes,
« après le devoir accompli, après la tâche noblement achevée. Aussi la
« mort est-elle venue le prendre doucement pour l'apporter respectueuse
« devant le trône des paternelles miséricordes. »

10 décembre 1865.

KERLER.

Pendant ces discours, où l'amitié se traduisait si bien par l'abondance du cœur et l'éloquence de la parole, la foule muette et recueillie éclata sitôt après en sanglots; les larmes étaient dans tous les yeux; ce n'est qu'avec peine que les assistants se séparèrent de ce tombeau.

Les grandes joies et les grandes douleurs s'incrustent dans le souvenir des hommes: cette dernière marquera toujours son impression sur les témoins qui assistèrent à cette triste mais grandiose et imposante cérémonie.

S'il peut être une satisfaction dans une perte aussi profonde, elle sera pour ceux qui lui survivent, par l'estime, le partage de cette douleur, les vœux et les prières de tous ceux qui connurent Auguste-Nicolas Laverdet, afin qu'il repose en paix et jouisse des bontés infinies du Créateur. — Jules DERBY.

www.ingramcontent.com/pod-product-compliance
Lightning Source LLC
Chambersburg PA
CBHW071434060426
42450CB00009BA/2164